Jesús envía el Espíritu Santo

Hechos 2:1-41 para niños

Escrito por Robert Baden
Ilustrado por Reg Sandland
Versión castellana de Mercedes Cecilia Fau

EDITORIAL CONCORDIA • SAINT LOUIS

Jesús resucitó y salió del sepulcro,
de Pascua fue el primer día,
se reunió con sus amigos
ya que pronto él se iría.

–Deben contar mi historia,
todos la van a escuchar,
el Espíritu de Dios
enviaré para ayudar.

Jesús regresó a su hogar,
el que tenía en el cielo,
sus amigos quedaron tristes
sin hallar ningún consuelo.

Los amigos de Jesús
se reunieron a orar
¡cuando un estruendo de viento
vino la casa a llenar!

Cuando todo se calmó
arriba de cada cabeza
había una lengua de fuego
cálida y de gran belleza.

Jesús envió este don
les dio poder para hablar
africano, árabe, y griego
y unas cuántas lenguas más.

Corrieron a compartir la noticia
con personas de cada país,
y se entendían perfecto
¡qué momento tan feliz!

–¿Cómo pueden hablar así?–
preguntaban asombrados
y muchos les contestaban:
–Han bebido demasiado.

Entonces Pedro, de pie
dijo a la multitud bien alto:
–No están borrachos
sino llenos del Espíritu Santo.

–Él nos dio el poder para hablar,
así todos pueden entender
esta historia que queremos contar,
que la sepan por doquier.

–El Hijo de Dios, Jesús,
bajó a la tierra a salvarnos.
Vino a un hogar en Belén,
los ángeles le cantaron.

–Cuando Jesús creció,
contó porqué Dios lo envió:
a sanar enfermos y pobres,
a enseñarnos del amor.

–Pero ustedes lo mataron,
lo clavaron a una cruz,
creyeron que de su tumba
no saldría más Jesús.

–¡Está vivo! ¡No está más muerto!
Tres días después él resucitó.
Vengan ¡mejor síganlo!
Nuestros pecados lavó.

Las personas escucharon
y preguntaron qué hacer.
–Vuélvanse de sus pecados.
¡Vengan! ¡Bautícense!

Tres mil personas se unieron
a la iglesia ese día.
Jesús todavía hoy
nos llama a formar sus filas.

Somos parte de su iglesia,
hablemos como salvados,
con la fuerza de su Espíritu
el mundo habrá escuchado.

Estimados padres,

Pueden planear una fiesta de cumpleaños con su hijo mientras leen este libro, porque cuando este acontecimiento tuvo lugar, nació la iglesia cristiana. Judíos devotos de todas partes del mundo se reunieron en Jerusalén para celebrar Pentecostés, una fiesta de la vendimia celebrada 50 días después del sábado después de Pascua. Al escuchar el evangelio de Cristo proclamado en su propio idioma, 3.000 personas se arrepintieron de sus pecados y fueron bautizadas. El poder del Espíritu Santo transformó no sólo el idioma de los discípulos, sino toda su vida. Estos hombres, antes tímidos, proclamaron audazmente la obra salvadora de Jesús de tal forma que todos los que los oyeron se animaron por el poder del evangelio.
Jesús les ha dado a ustedes y a su hijo la misma tarea que les dio a sus primeros discípulos, la tarea de compartir su buena nueva de salvación con todas las naciones (Mateo 28:19-20). El Espíritu Santo ha obrado en ustedes y su hijo fe salvadora y les da el poder necesario para compartir la palabra de Dios.
Celebren el cumpleaños de la iglesia cristiana. Oren para que audazmente puedan compartir las buenas nuevas acerca de Jesús con los que les rodean.

El editor